OCEANA

J. Van de Perre

PÁGINAS A COLOREAR POR ADULTOS

Creativas y relajadoras páginas para colorear, inspiradas en el fantástico mundo submarino de los océanos y los ríos.

1ra. Edición

Prefacio

Descubre a través de este libro maravillas submarinas que podrás colorear.

Veinte detallados dibujos para disfrutar, relajarse y expresarse coloreando.

Las ilustraciones para colorear por adultos se han instalado como una nueva forma de expresión artística, que ayuda a incrementar la sociabilidad, reduce el stress, despierta la imaginación, ejercita el cerebro y desarrolla la creatividad.
En este libro encontrarás hermosos dibujos que esperan a ser llenados con tus colores favoritos para completar un pequeña pieza de arte que podrás mostrar orgulloso a tu familia y amigos.

Pez luchador de Siam I

Círculo peces

Pez luchador de Siam II

Delfín

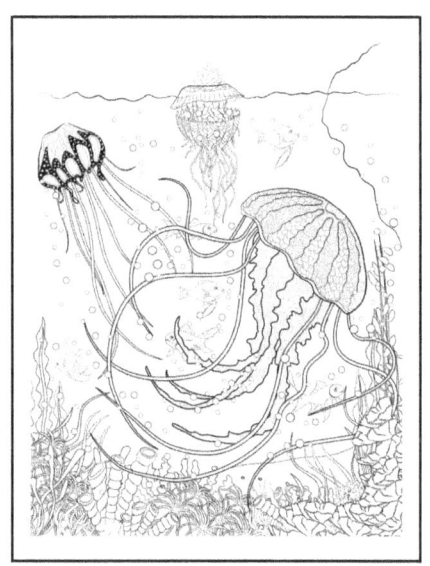

Medusas

Cardumen I

Pez luchador de Siam III

Cardumen II

Delfines

Caballitos de mar

Naufragio

Pez luchador de Siam IV

Dos peces

Nautilo

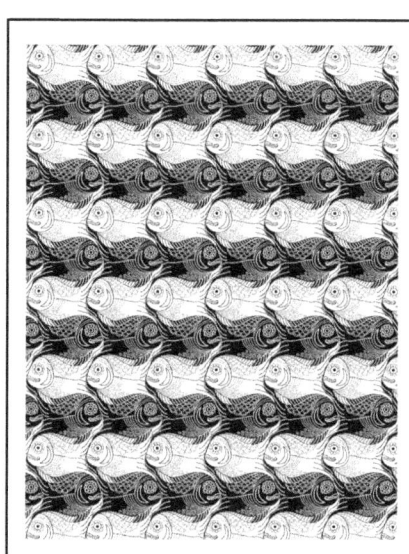

Mosaico Peces I

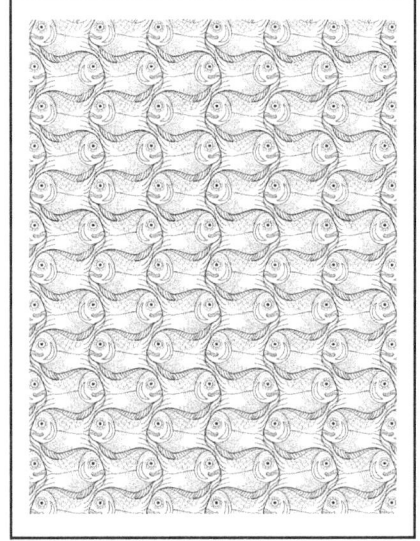

Mosaico Peces II

Pez volador

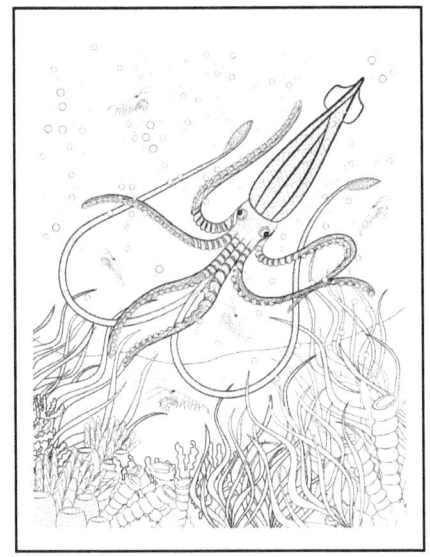

Calamar

Paisaje marino I

Pez Piraña

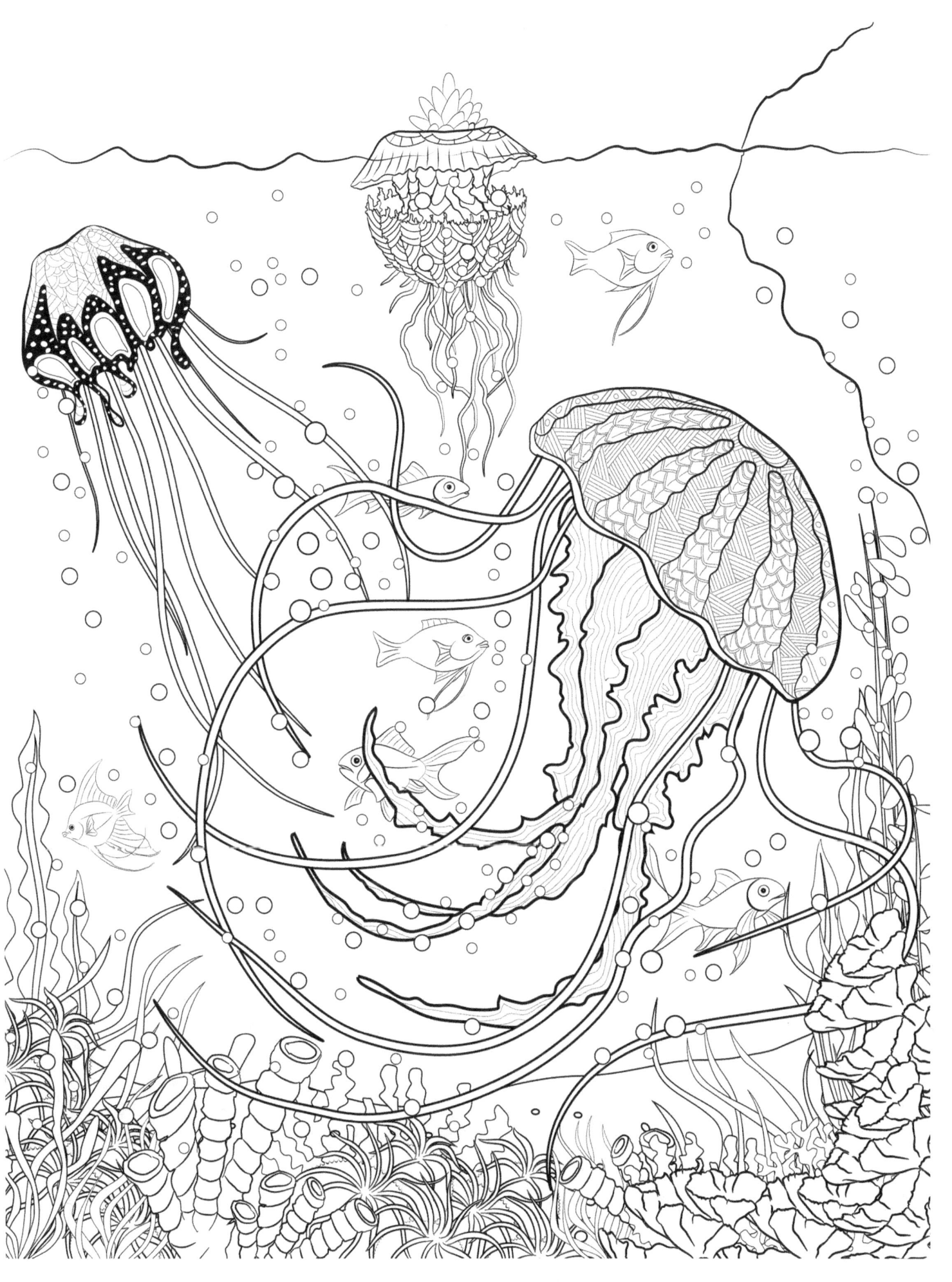

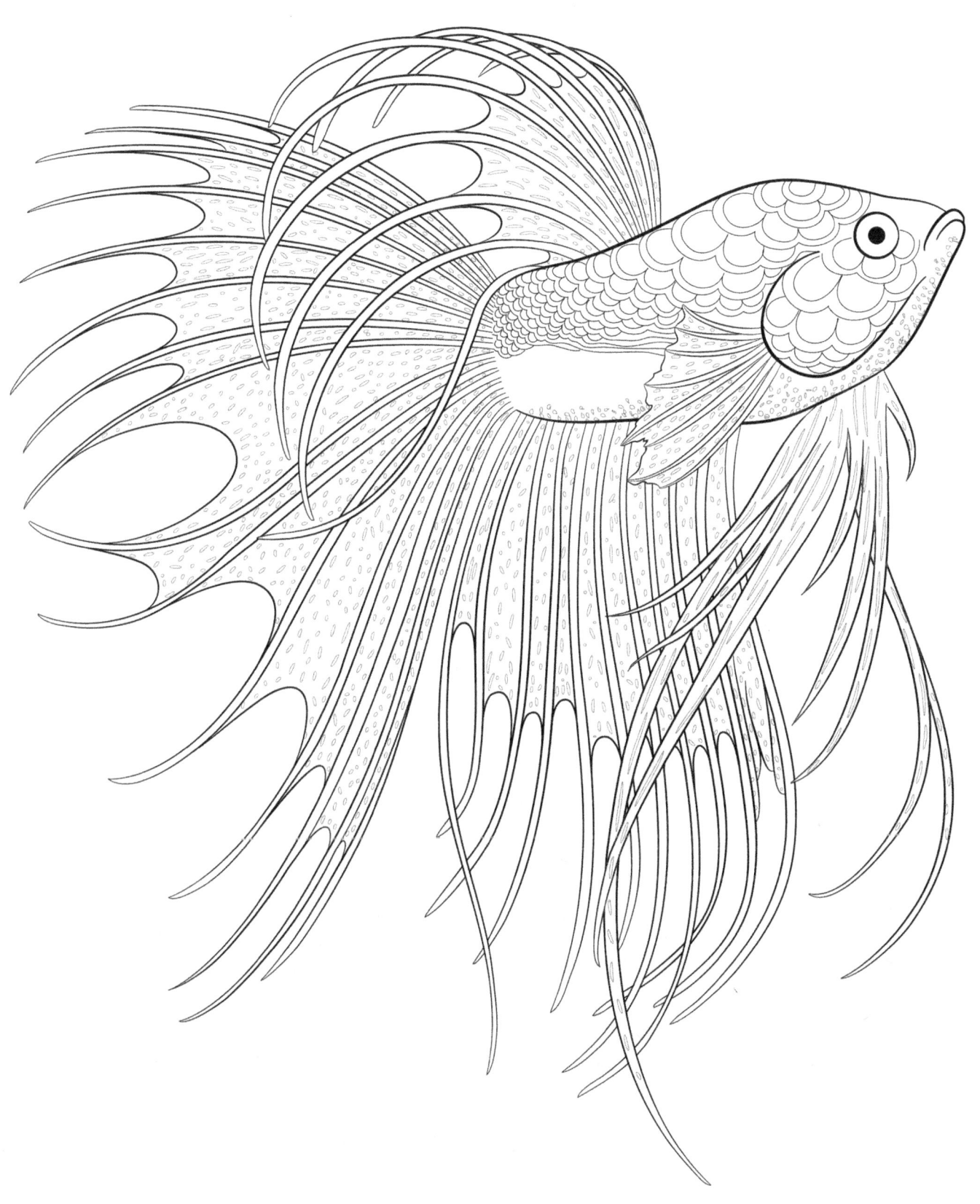

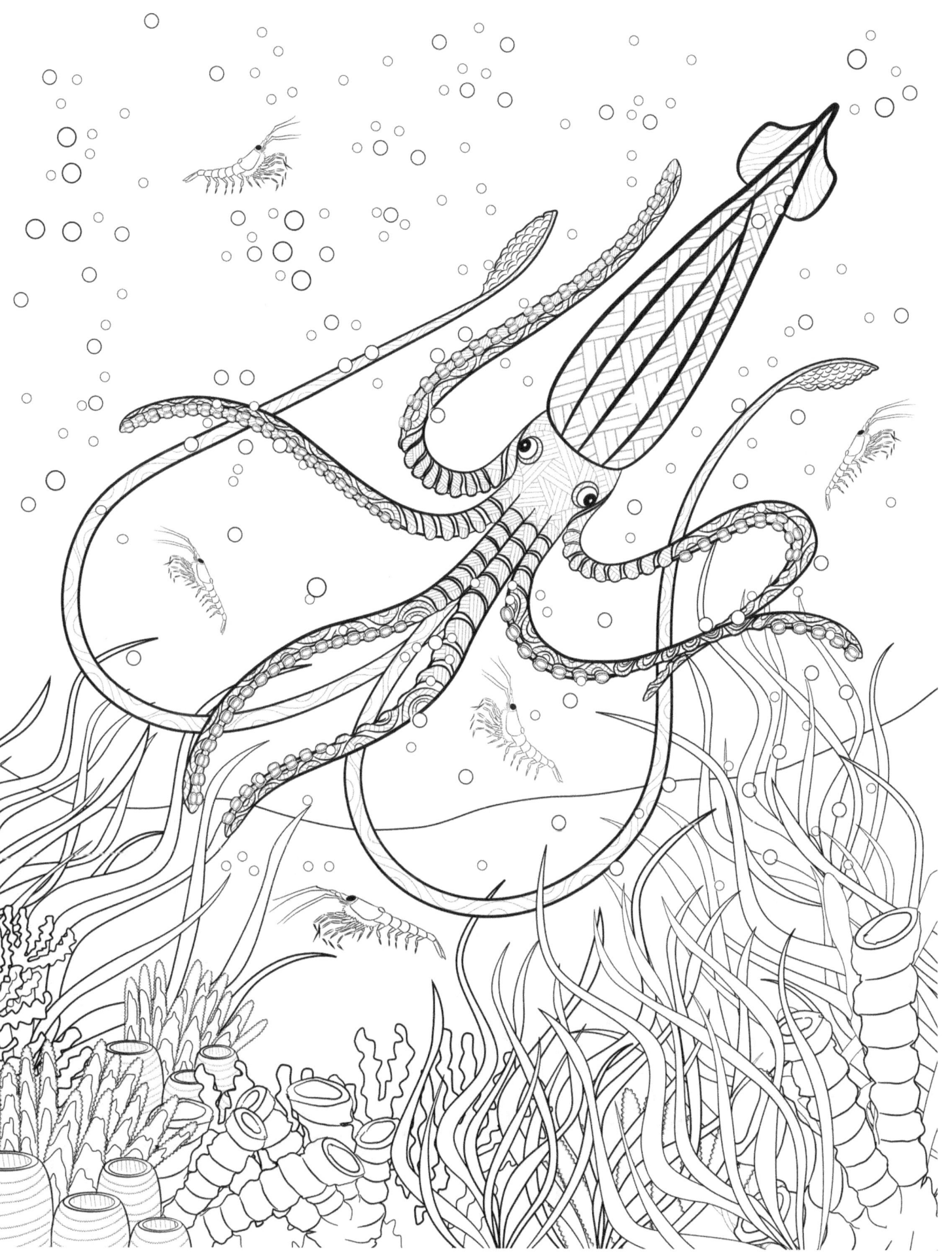